한탄강

조광태 시집

인지
생략

들꽃시선 128
한탄강

지은이/조광태
펴낸이/문창길
초판인쇄/2015년 6월 25일
초판펴냄/2015년 7월 02일
펴낸곳/도서출판 들꽃
주소/100-273 서울 중구 서애로 27(필동3가, 28-1) 서울캐피탈빌딩 B202호
전화/02)2267-6833, 2273-1506
팩스/02)2268-7067
출판등록/제2-0313호
E-mail:dlkot108@hanmail.net, dlkot108@gmail.com

값 8,000원
*파본된 책은 바꾸어 드립니다.

ISBN 978-89-6143-184-2 03810
ISBN 978-89-951327-0-8(세트)

조광태ⓒ2015

■이 책은 강원도 · 한국문화예술문화위원회 · 강원문화재단 후원으로 발간 되었음.

들꽃시선 128

한탄강

조광태 시집

| 시인의 말 |

철원을 상징 하는 것이
그래도 한탄강 인데 멋진 풍경과
신비로움을 서툰 글로 담아 낼 수 있다는 게
어쩌면 절경에 누가 되지 않을까 걱정이다
보면 볼수록 빠져드는 한탄강의 흐름 속에
가슴에 담으면 담을수록 빠져드는 흐름 속에
궁예왕의 한과 6.25 전쟁의 씻어낼 수 없는 한이
우리 민족의 통한의 한이 지금도
푸른 물결 속에 핏빛으로 흐르는 강
산 능선마다 백골이 되어 떠도는 영혼들을
위해서라도 한탄강의 흐름은 자유로워야 하고
노구의 실향민을 위해서라도 막힌 분단의 강도
이제라도 자유롭게 흘러야 한다

2015. 여름에
조광태

| 한탄강 |

차례

시인의 말 / 5

제1부

12_ 한탄강이 한탄하네
14_ 한탄강 -순담 계곡
16_ 한탄강 -절벽
18_ 한탄강
20_ 한탄강 -돌멩이
22_ 한탄강 -용서
24_ 한탄강 -펜션
25_ 한탄강 · 2
26_ 한탄강 -순담 계곡 · 2
28_ 한탄강 · 3
29_ 한탄강 -골프장
31_ 한탄강 · 4
33_ 한탄강 -화적연
35_ 한탄강 · 5

| 한탄강 |

제2부

38_ 한탄강 -궁예
40_ 한탄강 -송대소
41_ 한탄강 -고석정
42_ 한탄강 · 6
44_ 한탄강 -직탕폭포
46_ 한탄강 · 7
49_ 한탄강 · 8
50_ 한탄강 · 9
52_ 한탄강 · 10
54_ 한탄강 · 11
56_ 한탄강 -승일교
57_ 겨울 한탄강

| 한탄강 |

제3부

60_ 간도 땅
62_ 소름
64_ 우리끼리
66_ 우리는 얼마나 더 작아져야
68_ 사라진 도시 위에도 달이 뜨네
71_ 대마리 마을 앞 검문소
73_ 침묵
75_ 침묵 · 2
76_ 우리는 통하는데 —동아시아 북한 여자축구를 보며
77_ 궁예도성
79_ 궁예도성 · 2
81_ 독도가 너희 거라고

| 한탄강 |

제4부

84_ 철원 사람들
86_ 실향민
88_ 지평선에 걸린 마음
90_ 철원에 오시려거든
92_ 묘수
93_ 철원평야 지평선을 바라보면
95_ 철원평야에 내려온 하늘
97_ 가을
98_ 철원평야 · 2
99_ 철원평야 -쑥
100_ 세월

| 한탄강 |

제5부

102_ 조선파
103_ 잡초
106_ 참나무
107_ 석천사에서만 보이는 폭포
109_ 삼부연 폭포 보러 가는 길
110_ 어우러지는 삶
112_ 이름 없는 꽃
114_ 매월폭포에서
116_ 우리는
118_ 낙상홍
119_ 누구나 다 빈손이다
121_ 눈

124_ 작품해설 | 이종섶 · 서사의 평원에 흐르는 서정의 강물

제1부

한탄강이 한탄하네

한탄강 절벽 끝에 서면
지금도 궁예왕 눈물이 굽이쳐 흐르고
부하장수 배신에 치를 떨며 벼랑 끝에 몰린
애절함이 가슴 저리게 하네

한탄강 절벽 위에 서면
천년의 세월 흘러도 씻기지 않은 원한이
구멍 뚫린 곰보 바위로 남아서
대동의 꿈 이루지 못한 물줄기 흘려보내고 있네

한탄강 절벽 위에 서면 피눈물 흘리는
벼랑 끝 삶이 궁예 왕만 있던 게 아니었네

요즈음은 어떤 배신에 치를 떨며
어떤 삶 때문에 절벽 끝으로 쫓겨
더는 쫓길 수 없는
절벽 위에 집을 짓고 살게 하는지
눈부신 경관마다 빼어난 절벽마다

위태로운 벼랑 끝 삶이 안쓰럽네

돈푼깨나 있다고
자본의 칼자루 함부로 휘둘러
벼랑 끝으로 쫓겨 왔는가

천년 전 궁예 왕이
한탄강 절벽 위에서 피눈물 흘린 것처럼
벼랑 끝에 펜션을 짓고 사는 저들도
피눈물로 하늘 원망하며 엉엉 울고 있는가

한탄강 눈부신 비경마다 절벽마다
서러움처럼 생겨나는 낯선 집들 저들도
궁예 왕처럼 도성과 백성을 향해
다시 돌아갈 수 없어 눈물 흘리고 있는가

한탄강
-순담 계곡

잠시 쉬는 잠결에 그려지는 꿈인가
아니! 이것은 생시로 보는 장엄함이야
아득한 수직 절벽에 화려한 기암괴석
수십만 년 다듬어진 굴곡진 바위마다
스쳐 지나간 물의 흔적 부드럽게 남아서
눈길 저절로 가는 이곳이 천상인가

이 장엄함은 아름답다 눈부시다
비경이다 이런 말들은 맞지 않다
가슴이 두근거리고 온몸이 경직되는
이 순간은 탄성도 기쁨도 아니다
숨 막히는 환희도 아니다
경직되면서 멈추어지는 이 순간은
신만이 표현하는 절정 그것일 게다

신만이 표현할 수 있는 절정의 모습들을
천상의 세계에서 이 땅에 나들이 오는 이들이
그들이 늘 즐기던 절정의 풍경 하나 가지고 와서

머물다 가는 곳이 순담계곡 이곳일 게다

천상의 모습이 이런 거라면
천상에서 늘 즐기는 모습이 이런 거라면
이승을 떠나는 죽음도 두렵지 않겠네

극락 가는 길이 이 모습이라면
이승의 미련 훌훌 털어버리는
삶과 죽음은 하나겠네

한탄강
-절벽

우리가 모래톱과 강물로 만났다면
날마다 그대와 입맞춤으로 아침을 열고
이루지 못하는 사랑은 아니었을 거요

우리가 바람과 흔들리는 물살이라면
순간 일지라도 함께 하는 시간은
이루지 못하는 고통보다 나았을 거요

전생에 우리는 무슨 죄지어
이룰 수 없는 사랑임에도
마주 보는 평행의 흐름으로
영원히 흘러가야 하는지요

그대가 향기로워
그대가 아름다워
내 마음 다 뺏어 갔어도
무슨 소용 있어요

우리는 영원히
마주 보는 절벽으로
피눈물 흘리면서 바라보는
이루지 못하는 사랑인 걸요

한탄강

이왕에 흐르는 강물이라면
넓게 깊게 아름답게 흘러가는 거야

흘러가서 여울지는 비경으로
모든 시선 끌어 모으는 거야

흐르다가 흐름이 넓어지면 느긋하게
무거웠던 강물 소리도 내려놓고
흘러온 긴긴 여정도 내려놓고
하늘 향해 누워 넓은 세상 이루는 꿈
머릿속에 그려보는 거야

이왕에 흐르는 강줄기라면
든든한 바위산 양쪽으로 거느리고
하늘로 뻗은 장엄함을 거느리고
흐름을 같이 하면서 흘러가는 거야

이왕에 흐르는 강물이라면

하늘로 물길을 깊게 내서 흘러가고
사람들 가슴속으로 물길을 내서
보이지 않게 흐뭇한 미소로 흐르고
선술집 부딪치는 술잔 속으로 흐르고
시가 되는 단어 속으로 흐르는 한탄강은
수 많은 사람에게 흐름을 나누어도
더 크게 더 깊게 장엄하게 흘러가는 거야

이왕에 흐르는 강물이라면
굽이굽이 사람 사는 마을로 찾아가서
그들과 함께 근심 걱정 덜어주는
편안한 강이 되어 흘러가는 거야

이왕에 흐르는 강물이라면
어린 연인들 발목을 담그는 강물이고 싶고
속 다 비치는 깨끗한 물길로
자지러지는 웃음소리에 행복해지는 거야

한탄강
-돌멩이

강바닥에 돌멩이
그게 그것 같은 돌멩이
세월이 다듬은 돌멩이 중에
똑같이 생긴 돌멩이는 없네

볼품없는 돌멩이가
생김이 다르고 크기가 달라도
여울 소리가 되어주고
조건 없이 물고기 집이 되어주고
탁한 물 걸러 맑은 세상 여는데

나는 만인을 위한 여울 소리 되어보고
다른 이들 의지처는 되어 본 적은 있는지
탁한 세상 걸러보겠다는 목소리 뜨거운지
남보다 못났다고 투덜거리는
삶이 아닐까 두렵네

강바닥에 여울 소리로

주변을 즐겁게 하는 돌멩이는
낮은 곳으로 향하는 물길을 닮아서
오늘도 더 낮은 곳으로 향하는데

내 마음은 어느 곳에 놓아야
낮은 곳으로만 향해도 즐거운
돌멩이 물줄기를 닮을 수 있나

한탄강
-용서

거친 바위 부딪치는
오늘도 흐름은 용서다

수십만 년 아득한 벼랑 굽이치는
흐름은 하나로 이어진 물길이다

미움은 더 큰 미움을 키우는 이 땅에서는
무조건 받아주는 용서만이 살길이다

고암산 금학산 백마고지 뒤척이게 하는
원혼들의 피눈물 달래기 위해
한탄강의 흐름은 무조건 용서다

분단의 철조망도 쓰러진 철마도 용서고
반백 년 넘게 갈 수 없는 북녘 고향도 용서다

한 핏줄임에도 마주 겨눈 총부리도
이제는 용서하고 용서하자

그리하여 용서해서
저 철조망 걷어내고
철원평야 하늘에 걸린
무거운 침묵 헐어내자

용서하고 용서해서

한탄강
-펜션

저들이 지금 팔고 있는 것은
한탄강 눈부신 경관이 아닐 거야

오랜만에 만나 맑은 술에 취해
즐거운 미소 짓는 순간이 아닐 거야

밤하늘에 성근별이 쏟아지는
은하수 눈부신 강물이 아닐 거야

달빛 사이로 보이는 수줍은 들꽃
향기에 취하는 순간이 아닐 거야

철원평야 가슴 트이는 지평선을
바라보는 순간이 아닐 거야

저들이 유혹하며 팔고 있는 것은
우주의 허방을 딛는 벼랑일 거야

한탄강 · 2

수십억 년
수난으로 변해왔을
장엄하고 눈부신
기암괴석 앞에서는

세상 살기 어렵다고
근심 걱정 짊어진
내 가슴속 어지럼은
티끌보다 못한
가벼움인데도

이 번뇌의 끝
놓질 못 하네

한탄강
-순담계곡 · 2

수십만 년 차이고 깎여야
돌멩이 하나 생기는 것이냐

눈부신 순담계곡이 생기려면
얼마나 많은 아픈 세월을 이겨낸 것이냐

우주를 품고 밤마다 별의 모습 담아내고
달이 뜨는 밤이면 달의 모습 새겨 담아서
보는 곳마다 빛나고 탄성 절로 나는 것이냐

가슴속에 담아도 똑같이 담을 수 없는 기암괴석
눈으로 보고도 똑같이 그려 낼 수 없는 순담계곡
누가 언제 어떤 거대함이 왔다가 간 것이냐

우주의 거대한 입김이 몰래 다듬어
눈에 띄지 않은 깊은 곳에 숨겨 와서
세상 사람들 가슴속에 새기질 못한 것이냐

보고 또 봐도 절로 눈길 가는 순담계곡
병풍 같은 기암괴석이 참으로 비경 아니더냐

한탄강 · 3

이 땅은 골 깊은 갈등의 강 건너지 못해
이름 없이 죽어간 초병들이 묻힌 곳이라
피눈물로 펑펑 울어 본 적 없는 사람은 오지 마라
이 땅에는 피눈물과 한과 그리움만 있는 곳이라
분단의 철조망과 마주 겨눈 총부리가 있는 땅이라
아물지 못해 가슴속으로 곪아 터진 아픔의 땅이라
이 고통의 땅을 보듬고 상처를 보듬고 흘러온 강이라
굽이굽이 어지러운 고비 넘기고 흘러온 강이라
얼룩진 상처투성이 이 땅이 금빛 웃음이 일 때까지
철조망 거둬야 한다는 간절함이 없으면 오지 마라

지금도 총구 끝에 올려진 갈등의 표적 향해
언제 방아쇠가 당겨질지 모르는 시간은 피눈물로 흐르고

한탄강
-골프장

그대들은 하늘이 내린 한탄강 풍광을
날마다 눈으로 먹고 지내는 것만으로
가진 거 다 내주고 겸손해야 한다

수천만 년
바람의 손길과
한탄강 신들의 입김으로
빚어지고 다듬어져서
사람의 손으론 도저히
흉내 낼 수 없는 절경과
수십 미터 절벽의 아찔한 비경을
돈 한 푼 들이지 않고
너희 품에 훔쳐가진 그대들은
감사의 세금을 얼마를 내고 있느냐

바닥 잔돌이 비치는 물소리에
그대들의 탁한 생각이 흘러들어
언제나 불법으로 페아스콘 콘크리트

땅에 묻을 생각, 썩어 악취 나는 펀드 물
한탄강으로 몰래 흘려버릴 생각만 하는
씻어지지 않는 탁한 그대들의 악취 나는 생각
썩어서 법도 무시하는 망나니 같은 생각을
날마다 한탄강으로 흘려보내고 있으니
깨끗한 물 우롱한 죄, 하늘 우롱한 죄
눈부신 비경 무시한 죄 너무 커서
날마다 긴장하는 한탄강을 위로 하려면
그대들의 모든 거 다 내주어야 하는데

그것이 되겠느냐

한탄강 · 4

사람과 평야는 수평으로 있어도
한탄강은 모든 걸 받아주는
가장 낮은 곳에 있구나

낮아서 작고 보잘것없는 것들을
다 받아주고 새겨 담으면서도
가장 낮은 곳으로 향하는구나

거친 돌부리 바위에 부딪혀
서러움의 멍이 깊게 파여도
시련 깊을수록 맑은 목소리
맑은 물줄기로 굽이굽이 흐르는구나

사람들은 찾아와 흐뭇하게 바라보지만
강은 늘 낮아지고 맑아지기 위해서
함부로 작은 것들을 외면하지 않고
몸 부대낌으로 세상 속으로 흘러가서
탁한 생각들을 끄집어내

맑아지는 낮은 곳으로 흘러가는구나

낮고 작아 보잘것없는 것들을
받아주고 품어야 맑아지는 강물
사랑한다 사랑한다는 말 없는 외침이
늘 귓가에 맴돌게 하는 강물로 흐른다

한탄강
-화적연

조선 팔도에 퍼진 소문에
겸재 정선의 붓끝이 머물다 간 곳
수 많은 세월을 담은 잔잔한 물결 도도해도
고요함 속에 그리움 가득하다

어여삐 여기던 떠난 님 그리워하듯
서로의 가슴속에 새긴
빛나는 모습 변함없어라

하늘 향해 우뚝 서서
한곳만 바라보는 눈길이
언제부터 시작되었는지 몰라도
금강산으로 떠나는 겸재
뒷모습 쫓는 눈길 아닐까

가장 빛나는 모습이
화선지 위에 붓끝으로 살아 움직일 때
화적연 바위 속은 정선의 붓놀림을

영원히 지워지지 않게 새겨서
지금 우뚝 솟은 기다림은
금강산으로 떠난 겸재
돌아오는 발걸음 아닐까

한탄강 · 5

시작은 작아도
평범한 흐름은 싫어
천박하게 보여주는 것도 싫어
아찔한 절벽으로 흐른다

흐르는 강이라고
겸손도 부끄럼도
모르는 강은 더 싫어
가장 낮은 곳으로 흐른다

낮은 곳으로 흘러
기쁨일 때는 더 깊게 넓어지고
슬픔은 작게 나누는 강물이 되어
작고 보잘것없는 것들에게도
나누는 강물이 되고 싶은 것이다

흐름이 거듭 될수록
굽이굽이 마을마다

웃음꽃 피우게 하고
강 때문에 누구나
행복해지는
강물이 되고 싶은 것이다

그리하여 강가
눈부신 풍경에 취해
모두가 흐뭇하게 바라보는
한탄강이 되고 싶은 것이다

제2부

한탄강
-궁예

그 옛날에도 그랬구나
백성은 굶어 죽어나가도
잘 먹고 사는 태평성대라고
번질거리는 낯짝으로 떠벌리는 것들을 향해
때려잡자는 여론이 들끓으면 달콤한 말로
다독이면서 짓밟는 거 말이다

어느 때나 힘없는 사람들은
힘 있는 이들 말 한마디에 운명이 바뀌는
그래서 아부하거나 뒷주머니에 찔러주어야
겨우 산목숨 구걸하며 사는 세상이다 보니
주먹이 있거나 속세를 등져야 사는 세상 속에서
힘없는 사람은 언제나 뒷전으로 밀려나는 거 말이다

그때나 지금이나
흐름을 똑같이 이어가는 강물처럼
힘 있는 것들은 없는 이들 겁박해서
등쳐먹는 방법은 변하지 않고 똑같은 거 말이다

비정규직으로 몇십 년을 일해도 최저임금이고
몇십 년을 일해도 한 식구가 될 수 없는 비정규직이
눈 시퍼렇게 뜨고 빼앗기면서도 하소연할 수 없는
지금의 세상처럼 억울해도 끽소리 못하는 거 말이다

빼앗기는 게 일상이 되어버린 이들을 위해서
전봉준 같은 임꺽정 같은 홍길동 같은
아니! 한탄강 절벽 위에서 피눈물 흐린
궁예가 쫓겨나지 않았다면 혹시 모르지
용화세상의 법문이 넘쳐 빼앗김 없는 세상 속에
우리가 살고 있을지 모른다는 거 말이다

그 옛날 궁예가 한탄강 절벽으로 쫓겨
더러운 소문에 짓밟히지 않았다면
사람답게 사는 세상 빼앗김이 없는 세상
거짓의 거대한 성벽 앞에 피눈물 흘리지 않고
언제나 이 땅의 사람들은 서로에게 고맙다는
말을 하며 살고 있을지 모른다는 거 말이다

한탄강
- 송대소

송대소에서 부는 바람이
양쪽으로 우뚝 솟은 기암절벽
빼어난 풍경 자랑하고 싶어
여울 소리에 부서지는 햇살을 들고
상사리 논길 끝에 있는 집으로
흙먼지 날리며 갔더니
나른함에 졸고 있던 멍멍이
다 귀찮다고 컹컹 짖고 있어
들어가지도 못하고
옆집으로 갔더니
엄마 품에 안긴 아가
부서지는 햇살처럼
눈부시게 웃고 있네

한탄강
-고석정

수많은 기암절벽을
강이 시작하는 곳에서 데리고 와
저마다 가장 잘 어울리는 곳을 찾아
강을 보듬고 기암절벽을 세워가면서
마주 보는 병풍처럼 이어가면서
신들의 입김으로 다듬고 다듬어서
바람 구름 별 달빛을 새겨 담아서
보이는 곳마다 눈부시게 아름다운데
신은 그 중에 가장 빼어나고 빛나는 것을
다른 곳으로 흘려보낼 수 없어서
강줄기 한가운데 붙들고 있다 보니
홀로 섬이 되어 강을 지키는
바위산이 고석정이네

한탄강 · 6

굽이쳐 흘러가는 곳은
강이 다 만나는 바다가 아니라
이 땅의 사람들 가슴속마다
기억되는 강이 되고 싶은 거다

사람들 가슴속으로 흐르는 강이 되어
저절로 기대 사는 서로가 되어
세월 속에 같이 묻혀 흘러가서
서로에게 기쁨이 되고 싶은 거다

여울 소리에 햇살이 부서지는 강으로
사람들은 찾아와 머물다 가고
사람들 목소리는 강물이 되어 흘러
강굽이마다 새로운 전설을 만들어서
이 땅의 풀잎 강물 속에 물고기 하나까지
편해질 수 있는 강이 되고 싶은 거다

그래서 늘 여울 소리에 잠이 들고

여울 소리 따라 세월은 흘러
귀밑머리 희어지는 사람들과
곱게 늙어가는 강이 되고 싶은 거다

한탄강
-직탕폭포

물보라 날리는 폭포에 반해
날마다 찾아오던 어여쁜 이
댕기 머리 그녀가 보이질 않아
폭포는 거친 물보라 날리며 미쳐갈 때
어여쁜 이 낯선 이와 폭포 앞에 나타나자
반가우면서 배신감에 주저앉고 말았지요

그때 주저앉아 일어서지 못하고
낮게 낮게 떨어지는 폭포가 되었지만
지금도 어여쁜 이 생각하면 서운해도
댕기 머리 어여쁜 이 생각하면 가슴 아파도
행복 하라고 한낮에 부서지는 물보라 끝에
무지개 꽃다발 들고 있지요

사랑한다는 목소리 크게 하지 못해
내 사랑 받아달라는 목소리 크지 못해
어여쁜 이 놓친 것 같아 이제는
하얀 물보라 날리는 우렁찬 폭포소리

상사리 장홍리까지 들을 수 있게
지축을 흔들고 있지요

한탄강 · 7

눈부신 비경
아찔한 기암절벽
그냥 두고 흘러가는 강물아
무엇이 급해 굽이쳐 가느냐

흘러가면 다시는 아름다운 풍경
기암절벽을 볼 수 없으니
굽이쳐 흘러가는 강물아
여울 소리 내려놓고 거칠게 흘러가는
숨 막힘도 내려놓고 잠시 멈추어서
나를 돌아보는 시간을 가져 보자꾸나

한 번뿐인 흐름을
스쳐 지나가는 것으로 끝내면
이 좋은 세상 환장하게 빛나는 절경
제대로 볼 수 있겠느냐 강물아

천천히 멈춤으로 있다

아찔한 절벽에 돌단풍과
곰보 돌도 가슴에 품어보고
힘겨움일랑 있으면 이 엄청난 풍경 속에
녹아들어 절정의 절경이 되어 보자꾸나 강물아

이 시간은 영원히 돌아오지 않고
다시 만날 수 없는 인연임을 알면
한걸음 걷는 걸음이 얼마나 귀하고
모래톱에 스치는 물결이 얼마나 소중한지
숨 쉬고 있는 이 순간들이 얼마나 고마운지
알아야 한다 강물아

한 번뿐인 흐름이
칠만 바위 송대소 고석정 순담 화적연 수 많은
빼어난 절경을 보지 못하고 흘러가면
얼마나 억울하겠느냐 강물아

한 번뿐인 흐름을
흘러가기 위해서 강물아
보이지 않고 들리지 않는 것 다 보고 들어야 하고
싫어도 가야 하는 운명이 강물의 흐름이니
우리 멈추어서 하늘로 뻗는 마음 길도 내어 보자꾸나

긴 여정 속에 시린 가슴이 왜 없었겠느냐
피눈물 나는 순간이 왜 없었겠느냐
어둠 속에서 시작된 작은 물방울이라고
치이는 순간들이 얼마나 많았겠느냐
그런 서러움 다 이겨내고 흘러온 강물아
그렇다고 넓은 세상에 빨리 가고 싶어
급하게 흐름을 서둘다 보면 놓치는 게
너무 많다는 걸 알아야 한다 강물아

모든 강물이 다 모이는 바다에 닿아
끝없는 수평선 거친 파도 이겨내는 꿈에 취해
성급하게 꿈을 쫓다 보면 멀어질 수도 있으니
더 큰 강물 더 큰 세상을 품어보기 위해서라면
한 번뿐인 흐름의 하루하루가 얼마나 소중한지
가슴 깊이 새기고 새겨 넣어야 한다 강물아!

한탄강 · 8

고요하다고 해서
고요한 것이 아니다
저 흐름 속에는 간절함과
눈물과 떨침이 소용돌이로 뒤엉켜
폭풍이 휘몰아치며 흘러가는 강이다

고요함 속엔
아직 아물지 않은 이 땅의 상처
구천을 떠도는 원혼들 피눈물 씻어내기 위해
여울 소리도 조심스럽게 흘러가는 강이다

고요함 속으로 흐르는
한탄강은 그리움의 강이며
가슴 조이는 간절함을 실어가는 강이고
이름 없이 죽어간 영혼들 위로하기 위해
영원히 늙어갈 수 없는 강이다

한탄강 · 9

북녘 땅에서 흘러온 강물이라고
팽팽한 긴장을 먹고 흘러온 강물이라고
마주 겨눈 총부리 두려움을 새긴 강물이라고
녹슨 가시철조망 스쳐 온 강물이라고
이념의 색깔 묻어나는 게 두려워서
멀찌감치 두고 거들떠보지도 않는 건가

이름 없이 흘러가는 강물이라고
철원평야 속에 감쳐진 강물이라고
흐름의 기준이 너무 낮은 강물이라고
곰보 돌의 상처 아물지 못하는 강물이라고
수십만 년 아찔한 비경 속을 흘러도
다들 거들떠보지도 않는 건가

이념을 먹고 흘러온 강물이면 어떻고
산골짜기 꽃향기를 먹고 흘러온 강물이면 어떻고
철원평야 논배미 적시다 흘러온 강물이면 어떻고
찰나의 허방을 딛고 흘러온 강물이면 어떻고

사람들 삶을 품어주다 온 강물이면 어떤가
하나하나 저마다의 사연이 모여 흘러가면
강물이 다 만나는 바다를 이루는 거 아닌가.

한탄강 · 10

사랑해서는 안 될
사이임에도 사랑해서
하늘의 금기를 어기고 쫓겨난
천상의 연인이 살던 곳이었네

한탄강 절벽 끝에서
서로 마주 보는 형벌로 살면서
그리움이 깊을수록 강폭은 넓어지고
강물은 시퍼렇게 깊어져서
그리움으로 눈물 흘리는 강이었네

사랑한다고 아무리 외쳐도
그리움만 묻어나는 목소리만 들려 올 뿐
다가설 수도 만질 수 없는 벼랑 끝에서
가슴속에 생기는 곰보 돌 끄집어내
강 건너는 오작교를 놓아도
물살에 쓸려 사라지는 강이었네

그리움 잇는 오작교는 놓지 못하고
그리워하다 굳어진 그리움에 흔적들이
절벽마다 이루지 못한 사랑으로 녹아들어
눈물 나는 비경 이어 흐르고 있네.

한탄강 · 11

흐름의
수면 아래 백악기의
토해내지 못한 꿈틀거림이
있을 것 같은 강이다

용암이 흘러 강을 이루고
물살에 다듬어진 곰보 돌 속에
우리가 기억할 수 없는 세월과
지금 이 순간이 교차하는 강이다

바위에 새겨진 물 주름
사이사이에 귀를 대고 있으면
시뻘건 용암이 흐르는 모습과
공룡의 포효소리 들려올 것 같은
고생대의 흔적이 보일 것 같은 강이다

수면에 떠 있는
수 많은 바위는 쥬라기

공룡이 환생해서
뛰쳐나올 것 같은 강이다

한탄강
-승일교

시퍼런 한탄강물 사이에 두고
마주 보는 기암절벽 평행의 흐름 위에
반쪽은 먼저 북쪽에서 다리를 놓고
나머지 반쪽은 남쪽에서 놓아
강 건너 오가는 길이 되게 했는데
휴전선 철조망 사이에 두고
총부리 겨누며 흐르는 강물 위에
철조망 반쪽은 남쪽에서 먼저 걷어내고
나머지 반쪽은 북쪽에서 걷어내면
남북이 서로 오가는 길이 될 수 있는데
우린 아직 그거는 하지 못하고 있구나

승일교 위를 걷는 우리는 언제쯤
철조망 위에 놓이는 승일교 건너볼까

겨울 한탄강

살아있는 생명은 동토 속에 묻혀
희망을 품을 수 없는 땅이 되어도

가시철조망에 막혀 더 이상 갈수 없는
가슴 후비는 막다름에 땅이라도

온산 들녘이 은빛으로 덮혀 있어
칼바람이 가슴 속 희망마저 도려내도

동토의 땅 얼음 빛 세상 속에 갇힌
침묵은 절정을 향해 발악하는 지금도

얼음장 밑으로 절망을 뛰어 넘는
물줄기는 끊임없이 흐르고 있네

제 3 부

간도 땅

저- 간도!
어떻게 해서라도
눈 시퍼렇게 뜨고 빼앗긴 땅 찾아야 하는데
아니 빼앗긴 땅 주인이 우리라고 내세울 증거
꼼짝 못하는 명백한 증거 찾아 보여주던지
그것도 아니면 한방으로 해결하는 힘을 키우던지
덩치만 믿고 거들먹거려 늘 당하기만 했던 서러움
이제 우리가 울려보는 거지 뭐 간도 땅 내놓으라고
그 동안 써먹은 사용료도 챙기면서 생각만 해도
기분 나쁘지 않은데 그 것도 아니면 저들이 꼭 필요한데
혁명적인 기술이 우리에게 있어 간도 땅과 바꾸는 방법
너무 엉뚱한가, 어서 더 늦기 전에 간도 땅 찾아서
거기도 대한민국이라고 태극기 들고 백성을 섬기는 땅
우리말과 우리글을 가르치는 배달의 땅으로 만들어
백 년 전에 빼앗긴 땅에 우리의 핏줄과 정신을 이으면

남과 북이 어우러지는 시간 앞당겨질 것 같은데
아니면 남북이 먼저 몸을 합쳐 그 땅을 찾아오던지
온전한 땅에서 온전한 백성이 온전한 나라 세우는 건
단군 할아버지 때부터 변하지 않은 우리의 바람인데
우리는 이 땅의 철조망도 헐지 못하고 있구나

소름

이 강산이
분단되고 불바다 되고
잿더미 된 원흉이 누구인데
만백성 가슴에 씻어낼 수 없는
고통을 준 자들이 누구인데
친일한 자들이 권력을 잡고
독립운동한 분들께 훈장 주는 모습
얼마나 소름 끼치는 일입니까

친일을 들먹이면 불순하고
독립운동을 들먹이면 외면하는 우리
독립운동한 사람은 대대로 부끄럽게 살아야 하고
친일한 자들은 기름기 반질거리는 낯짝으로 사는 우리
친일이 부끄러워 목숨 끊는 이 없는 반성이 없는 우리
앞으로 이 땅에서 살아갈 자손들에게
정의와 진실을 말할 수 없는 지금 부끄러워라

쪽바리에게 간 쓸개 다 빼주고

자신을 팔고 동포를 팔고 나라를 파는
죄들 짓고도 백성 위에 군림한 댓 가
한 핏줄인 동포의 피를 빨아먹은 댓 가
조국을 팔아먹은 댓 가 어떤 것인지
평생 씻을 수 없는 치욕을 당한 누이들을 위해서
독립을 위해 이름 없이 죽어간 이들을 위해서
나라 잃고 피눈물 흘린 우리 모두를 위해서
억울해 지금도 구천을 떠도는 원혼들을 위해서
우리는 끝까지 저들을 피눈물 흘리게 하여야 한다

권력을 잡으면 친일이 사라지고
영원히 덮어지지 않는다는 걸

수 많은 세월이 흘러도
저들이 백골이 되어도
더러운 이름 자 붙들고라도
끝까지 죗값 물어야 한다

우리끼리

어쩌면 좋으냐.
우리끼리 싸운들
무슨 살길이 열릴 것이냐

우리끼리 피 터지게 싸우면
손뼉 치는 이들은 누구이겠느냐

신바람 나서 더덩실 춤추는 자들 누구이겠느냐
피 터지게 싸우라고 입방정 떠는 이들 누구이겠느냐

우리끼리 눈 부라리는 시비 내려놓고
싸움질한다고 손뼉 치는 것들
다 쫓아내야 하지 않겠느냐

이 땅의 주인인 우리가 녹슨 철조망 저거!
피눈물 흘리게 한 철조망 저거부터
우리끼리 서둘러 걷어내야
우리 살길이 보이지 않겠느냐

녹슨 철조망 저거부터 치워서
말이 통하고 이 땅이 하나로 통해야
우리의 간절함을 이룰 게 아니더냐

이제 철조망 걷어낸다는 말 한마디에
우리가 더덩실 춤추고 신바람 나서
행복하게 웃어야
쉽게 보는 이들이 없을 것 아니냐

우리는 얼마나 더 작아져야

우리가 언제
태평성대 이룬 적 있던가요

어려운 고비 넘는 질긴 삶의 뿌리가
수시로 밀려오는 외세와 싸워 이겨서
지금 이만큼 이 모습으로 보전해서
우리가 이 땅에 사는 거지요

고구려 이후로 점점 작아져서
작아지는 것도 부족해 반 토막의 상처로
아픔으로 사는 우리입니다

반 토막의 아픔도 부족해서
잘못됨을 잘못됐다고 바른 소리 하면
빨갱이 종북으로 모는 우리입니다

빨갱이 종북 놀이로
사람들 귀를 막고 눈을 가려

친일을 덮고, 가슴속 벽 헐지 않으면
우리는 얼마나 더 어둠 속에 있어야 하나요

바른 소리 한다고 빨갱이 종북으로 매장되고
친일을 들먹거려 불순하다고 매질하면
하나로 뭉쳐 한 곳으로 뻗어 가는 기회
진실을 밝히는 기회 우리에겐 없잖아요

반 토막으로 잘린 이 땅에서
우리는 얼마나 더 작아져야
빨갱이 몰이 종북 몰이가 사라지고
친일의 부끄러움 씻어내는 날
분단의 사슬 끊는 날 올까요

사라진 도시 위에도 달이 뜨네

세월이 흘러도
아물지 않는 상처뿐인
사라진 도시 위에 달이 뜨네

이 도시에 살던 사람들
가끔 기억할 수 있는 부분들만 남기고
모두가 있던 자리에서 사라진 사람들
사라진 곳이 어디인지 몰라도
이젠 그대가 그리워서 만나고 싶은데
사라진 도시 만나고 싶은데 만날 수 없네

마음 같아서는
가시철조망을 걷어
쪽바리 왜놈 땅에 내던지고
철조망이 사라진 그 곳에
그리움이 쌓인 사람들이 돌아와서
분단을 넘어 대륙을 향해 달려가는 도시
세울 수 있으면 얼마나 좋을까

전쟁의 상처로
서로에게 던지는 증오는
이 땅을 맘대로 나눈 코 큰놈들한테 주고
우리는 떠나고 싶지 않은 도시
천년이 흘러도 변하지 않는 도시
어머니 품 같은 도시 만들어서
전쟁 총부리 분단 철조망이란 단어가 없는 도시
폭력이란 단어가 없어 다툼이 없는 도시
사랑만 있는 도시 만들어 보고 싶구나

할 수만 있으면 만리장성 토문강에
영원히 옮길 수 없는 국경선을 만들어 놓고
잃어버린 강토를 찾았다고
빼앗긴 땅 돌려받았다고
온전한 모습을 그린 지도를 볼 수 있다는
달콤함에 젖어 만리장성 간도 땅에서
하얗게 쏟아지는 별과 달을
바라볼 수 있으면 얼마나 좋을까

꿈같은 일이 이루어지면
가장 먼저 이 땅의 숨통을 잇는 경원선 경의선 열어
꿈의 선이 유럽을 향해 달려가는 모습도 보고

만주 간도 백두산을 두 다리로 걸어서
이 땅의 끝없음을 가슴으로 새기며
단군의 영토가 어디까지인지 짚어보면서
광개토대왕 연개소문 꿈을 좇아
고구려의 장엄한 말발굽 소리 듣고 싶구나

그러면 강대국에 눈치 보지 않고
저들의 마귀 같은 손목 가지 잘라내서
그동안 외쳐보지 못한 노 노 노 할 수 있다는
생각만 해도 통쾌한데 그런 세상이라면
우리는 반만년 이래 이보다 행복할 수 있을까

그렇게 되기 위해서는
상상하는 대로 이루어지기 위해서는
어서 빨리 사라진 도시가 제자리로 오고
이 땅에 살던 그리움이 쌓인 사람들이 돌아와서
무겁게 고인 침묵의 둑을 먼저 터야 하지 않을까

그래야 달빛이 흐르고
별빛이 쏟아지는 도시가 되고
만리장성에 토문강에 국경선을 만들어
만주 땅에 간도 땅에 맞는
언어가 울려 퍼지지 않을까

대마리 마을 앞 검문소

새벽 거룩함이 밀려오는
대마리 마을 앞 검문소
국경선을 통과하는 것처럼
줄지어 차들이 서 있다

불 켜진 검문소가 분주하게 시작되는
초병들의 움직임 하나하나가 역사이고
어둠 속에 풀 한 포기가 역사의 흔적이고
어둠 속에 묻혀 있는 저 산과 들녘이 역사이고
조심스럽게 쏟아지는 별이 역사가 되는 지금
대마리 검문소 앞에서 통과를 기다리는 차들이
철원평야 일궈내는 바쁜 나날도 역사가 되는구나

지금은 철원평야 일궈내기 위해
민통선 통과를 기다리고 있지만
내일은 차들이 줄지어 선 이유가
북녘땅을 가기 위해 고향 땅을 찾기 위해
새벽을 밀쳐내는 기다림이면 얼마나 좋을까

자유롭게 갈 수 있는 북녘땅이라면
줄지어 선 기다림이 끝이 없다 해도
검문소 앞에 며칠 밤을 기다려도 좋을 것이다

고요의 팽팽함을 흔들어 깨우는
침묵의 긴 기다림을 흔들어 깨우는
대마리 검문소 앞에 끝없는 줄서기 보고 싶구나

침묵

우리는 북녘땅을
한 번도 가 본 적이 없다

무서운 건 지금도 갈 수 없다는 것
더 무서운 건 가슴속에 철조망 장벽이
지금의 모습으로 굳어진다는 것

더 무서운 건 영원한 분단으로
죄의식 없이 서로 총부리 겨눈다는 것

더 무서운 건 반백년 넘게
분단으로 있어도 통일의 문고리는
잡아 보지도 못했다는 것

더 무서운 건 서로에게
보내는 미소가 없다는 것

더 무서운 건 휴전선에

무거운 침묵이 세월을 갉아먹으며
하나로 이어야 한다는 간절함도
갉아 먹고 있다는 것

침묵 · 2

가로수 멱살을 잡는
비바람 소리도 침묵이고
천둥 번개 요란함도 침묵이고
폭풍이 몰아치는 것도 침묵이고
산이 땅이 무너지는 것도 침묵이고
비 갠 청명함도 깊은 침묵이고
밤하늘에 쏟아지는 별빛도 침묵이고
휘영청 밝은 대보름달도 침묵이고
떼 지어 지평선을 넘는 새들도 침묵이다

이 땅은 철조망 걷어내는 소리 외는 다 침묵이다

우리는 통하는데
-동아시아 북한 여자축구를 보며

우리는 한 핏줄이라
우리는 멀리 떨어져 있어도
우리는 만나기만 해도 눈물이 흐르고
바라보고만 있어도 이렇게 행복한데
함께하는 것만으로 행복한 우리인데
우리 사이에 보이지 않는 금줄
우리 가슴 속에 있는 금줄은
행복해도 거둬지지 않는구나.

우리는 말이 통하고
우리는 생각이 통하고
우리 삼천리 금수강산이 통하고
우리는 간절히 바라는 간절함이 통하고
눈빛 하나로 무엇을 원하는지 통하는 우리는
손만 잡아도 이렇게 행복한데
부둥켜 안으면 이렇게 살 떨리는데
우리가 삼천리 하나로 통하면
우리는 얼마나 더 행복해 질까

궁예도성

도성을 감도는 침묵 속에
하늘 우러러 꾸던 꿈이
천년의 흙더미를 밀쳐내고 있네

가슴 도려내는 아픔으로 묻은 씨앗이
거대한 흙더미 밀쳐내고 일어서고 있네

이루지 못한 대동의 꿈을 위해
부하장수 배신에 잃어버린 왕국을 찾기 위해
용서할 수 없는 그들을 가슴 속에서 끄집어내
하나하나 용서로 털어내고 천년의 시공을 넘어
남북을 하나로 이어 놓는 흙더미 밀쳐내고 있네

대륙을 향하는 말발굽 소리 진동하고
궁예왕의 칼끝이 시퍼렇게 살아서
대물림할 수 없는 철조망을 끊어
대동강 한강 물이 넘치게 눈물 쏟고 싶네.

외척에 의해 허리 끊어진 기억 가슴 깊이 새겨
다시는 남들 손에 이 땅이 흔들리고
저들 입에 씹히지 않도록, 우리 말끝이 살아
단군 할아버지 땅, 처음 그 땅의 모습으로
돌아가는 꿈이 우리의 영원한 바람이고
궁예왕이 여기서 꾸던 꿈이였네.

잡풀만 우거진 도성 위
천년의 흙더미 밀쳐내고 걷어낸 철조망은
만리장성 토문강 아래 심어서
독한 거름발로 영원히 사라지지 않는
국경선을 만드는 게 우리 꿈이네

궁예도성 · 2

참으로 묘하구나
잡풀만 무성한 궁예도성을
분단의 휴전선이 남북으로 반씩 나누고
어지러운 난제 풀라고 도성 위에 던져 놓았구나

억울하게 쫓겨 죽은 사연 푸는 열쇠로
시궁창보다 더러운 소문을 끊는 열쇠로
만백성 피눈물 쏟는 서러움 끊는 열쇠로
도성 위에 어려운 숙제 하나 있구나

녹슬어도 끊어지지 않는 철조망이
궁예 왕 관심법으로 도성 위에서 풀리면
치욕스런 억울한 누명 벗어 던질 수 있고
삼천리가 분단의 멍에 내려놓을 수 있어서
우리 숨통 조이던 철조망은 사리질 수 있겠구나

우거진 도성의 침묵을 일으켜 세워
남북이 똑같이 나눈 도성의 반쪽을 서로 이어

궁예 왕 이루지 못한 미륵세상을 얘기하다 보면
새 세상 대동으로 가는 길이 천년의 시공을 넘어
도성 위에 놓인 휴전선 철조망에서 풀릴 수 있겠구나

독도가 너희 거라고

입에 붙어 버린 말
독도가 너희 거라고 우기는 말
이젠! 참으로 역겹다

생떼 쓰면 남의 것이 너희 것이 되느냐
반성 없이 남의 땅 노리면 몽둥이가 먼저다
속죄하는 눈물로 죄송하다, 이제는 사랑하자
돌이킬 수 없는 치욕 안겨준 역사 되풀이하지 않게
서로의 기억 속에 꼭꼭 간직하자는 약속을 해도
믿지 못할 족속들인데 끝나지 않은 야욕 언제까지냐

너희 만백성이 일제히 무릎 꿇고
두 손 모아 빌어도 풀리지 않는 우리의 비통함이
독도의 첨병이 되어 너희 숨소리, 손가락 하나
일거수일투족을 노려보고 있으니 명심히라

거짓의 나라 거짓에서 싹튼 나라
영원히 거짓을 버리지 못하는 쪽발이들아

정신 못 차리고 헛소리 계속하면
섬나라 땅 흔들어 유황불이 타오르게 하고
거짓이 넘쳐흐르는 너희 터전으로
지옥의 물 흘러들게 할 것이니라

뼈를 깎아내는 아픔으로
말조심 조심해서 회개하고 반성해서
고요한 아침을 여는 독도를
너희 더러운 입에
다시는 담아 내지 마라

제4부

철원 사람들

이 땅이 평화롭게 보여도
속으로 곪고 곪아서 너무 곪아서
아프다는 말조차 꺼내 들지 못하고
입만 딱딱 벌리는 아픔으로 산다

저마다 가슴 속에 피고름이 박힌 채
상처투성이 가슴들이 이 땅에서 산다

고향 떠나와 낯선 곳에서 뿌리내리고
새끼 낳고 사는 사람들이 고향 땅 가까이
살고 싶어서 저절로 모여서 산다

시로 일가친척이 아니더라도
고향 잃은 이들끼리 등 기대며
살다 보니 서로가 일가친척으로 산다

무심한 세월은 흘러도
그리움은 더 큰 그리움으로 밀려와

그리움 잇지 못한 피눈물로 보낸 세월이
너무 많은 세월로 너무 빨리 흘러서
어쩌지 못하는 늙은 몸뚱이 원망스러워도
고향 땅 밟고 싶은 간절함으로 산다

이 땅에는 부모형제 잃지 않은 사람이 어디 있으며
피눈물 나는 상처로 울지 않은 사람이 어디 있으며
저린 가슴이 저린 가슴들이 고향 땅 그리워하다
언제 저승길 불려 갈지 모르는 나이가 돼서 산다.

수 많은 가슴 속에 있는 그리움
평화롭게 보여지는 철원평야
이 무거운 침묵 앞에 우리는 무엇을 했는가

이 땅에는 수 많은 세월이 흘러도
아물지 않는 상처 보듬어 주는 손은 없는가

실향민

황해도 김가 이가 최가
평안도 이가 주가 다 죽고

삼 팔 따라지라고 괄시해도
거친 함경도 사투리로 버티던
안가 홍가 임가도 저승길 떠나고

외롭고 서러울 때 고향 얘기하며
소주잔 나누던 벗들 다 떠나고
이제 남은 따라지 몇이나 될까

꽃다운 청춘이 반송장이 되어도
어쩌지 못하는 따라지로 남은 우리
가슴속 소원 풀어주는 이 없는가

우리 같은 삼팔 따라지는
지금까지 고향 찾아간 사람 하나 없고
가슴속 응어리 풀지 못하고 죽어도

실향의 가슴 위로는 이 땅에는 없구나

무엇이 어렵고 잘못돼서
쭈그렁 반송장이 되도록
고향 길 열어주지 못하나

이제 가슴 찌르는 철조망보다
무서운 건 너무 빠른 세월이다

빠른 세월보다 무서운 건
피눈물 나게 하는 그리움이다.

지평선에 걸린 마음

가슴 트이는
철원평야 광활함이
하늘 맞닿은 우주의 땅이다

밤마다 별이
지평선 위로 내려와
설레이게 하지만
철조망에 막혀 있는 땅이다

지평선 너머 무엇인가
있을 것 같은 신비로움인데
우리는 한 걸음도 디딜 수 없고
가슴 조이는 팽팽함만 있는 땅이다

남북이 하나로 이어지지 못해
우리 마음도 다가갈 수 없고
철조망에 갇힌 불임의 땅이 되어
녹슨 세월만 쌓이는 땅이다

불신의 벽은 높아져서
지평선 바라보기만 하다
안타까움이 두고 온 마음
거둬들이지 못하는 땅이다

철원에 오시려거든

철원에 오시려거든
가슴속 가시 일지라도
내려놓고 오시라

철조망에 찔린 아물지 않는 상처
녹슨 철조망에 찔린 상처가 깊어
흐르는 눈물이 멈추지 않는 땅이라
가시처럼 생긴 물건이랑 놓고 오시라

가시처럼 생긴 그것들
두고 온 빈 가슴 속에
사계절 시들지 않는
우리의 간절한 꽃
한 아름씩 들고 오시라

모나지 않은 둥근 거나
저마다 가장 행복한
웃음 한 보따리도 들고 오시라

웃음 한 보따리 놓고 가면
웃음소리가 가시철조망을 녹여
우리의 간절함을 피워낼 수 있으니
가시처럼 생긴 물건은 놓고
행복한 웃음 한 보따리 들고 오시라

묘수

휴전 육십 년에
이 땅에 사는 동포가
남북 팔천만으로 보고
팔천만의 검은 눈동자
팔천만의 손과 발
팔천만 가지의 생각 속에서
팔천만의 머릿속에서
우리 간절함 이루는 묘수
철조망 거둬내는 묘수
비무장지대 봄기운 돌게 하는
묘수 하나 꺼내 들지 못할까

우리는

철원평야 지평선을 바라보면

광활한 하늘의 땅을
어찌 말로 다 담아낼 수 있는가

어찌 글 몇 줄로 장엄함을
하늘 맞닿은 끝없음을 적을 수 있는가

하늘이 내린 그림쟁이 일지라도
눈부신 장엄함 그대로 그려낼 수 있는가

눈부셔도 눈길 절로 가는 신비로움에
지평선에 걸린 마음 거둬들일 수 없는 땅 아닌가

바람도 장엄함에 숨죽여 낮게 넓게
몸을 낮추면서 지평선으로 향하는 땅 아닌가

지평선을 바라보면서 꿈을 꾼 이들은
가슴 벅차 뜨거운 눈물 흘리는 땅 아닌가

여기서 꿈을 꾼 이들은 누구나 만주벌판
연해주 옛 고구려 땅 품게 하는 땅 아닌가

지평선을 바라보면 궁예왕이 이 땅에
태봉국을 세운 이유 절로 알게 되는 땅 아닌가

지금은 가슴 속으로 차오르는
우리들의 간절함이 담긴 땅 아닌가

철원평야에 내려온 하늘

나는 보았네
가슴 후련해지는 평야를

하늘과 땅이 맞닿은
지평선이 있는 하늘 보았네

하늘이 땅으로 내려와
우리와 같이 숨을 쉬고
우리와 사는 하늘 보았네

봄이면 쟁기질 같이하고
평야에 심어진 벼 포기들이
일렁이는 논배미 속에 있는 하늘
우리는 우리보다 낮은 하늘 보았네

구부러진 논둑에서는 논둑이 되고
풀잎 앞에서는 풀잎에 되는 하늘
하늘은 이 땅에 어떤 모습과도

친숙해지면서 닮아가고
그것이 되어 버리는 하늘 보았네

기쁨을 길러 내는 침묵으로
철원평야에 내려온 하늘이
직사각의 논배미에서 부는
달달한 바람의 향기로
우리를 미소 짓게 하네

가을

가까이 오는 게 싫어
서로 끈적끈적함이 싫어
여름내 서로 멀찌감치
떨어져서 멀뚱거리다
이제는 같이 지내자고
자꾸 착-착 앵기네
달빛 속살 비치며
살갑게 콧소리
담아내는 목소리
싫지 않은 것은
가을 때문인가

철원평야 · 2

벼 이삭이
사랑이다가 똥이다가
시가 되어 분노가 되어
세상 뒤집는
혁명이구나.

벼 이삭이
말이다가 웃음이다가
행복이 되어 생명이 되어
우리 목숨 위에 있는
하늘이구나.

철원평야
-쑥

동토의 칼바람이
볼품없다고 이 땅에서 지워버려도
혹한의 시린 가르침 뼛속 깊이 간직한 채
칼바람 뒤편에 감추어둔 시퍼런 꿈
봄이면 가장 먼저 이 땅에 푸른 잎으로 올리는 꿈이
혹한의 겨울 시린 가슴 이겨 낼 수 있는 거지요

세월

벼 포기 자른 자국
수많은 흔적이 세월이지

새빨갛게 타오르는
저녁노을이 세월이지

노란 은행나무 바람에
떨어지는 낙엽이 세월이지

내 것으로 만들고 싶은 세월
너무 쉽게 내준 아픔이지

희끗희끗 귀밑머리
숨 가쁘게 살아온 흔적이지

제 5 부

조선파

쓰러지면 일어서고
일어섰다 또 쓰러져
피 토하는 절망 이겨내는
이 땅의 백성을 닮은 조선파
동토의 얼음 빛 세상에 놓여
죽음의 수렁으로 빠져들어도
뜨거운 심장 소리 멈춰지지 않고
작은 뿌리들은 하나로 똘똘 뭉쳐
떼거리로 달려드는 칼바람 이겨내고서
낯 간지러운 한 한 줌 햇살에도
세상으로 내미는 파란 미소를 봐라

칼바람일수록 심장 소리 뜨거워지는 거
시련 깊어질수록 가슴속은 푸르러지는 거
거대한 절망이 밀려와도 당당하게 맞서는 거

잡초

환영받지 못하는 목숨이다
피눈물을 쏟아도 어쩌지 못하는 운명이다
무성하게 자랄수록 뿌리깊이 내릴수록
질긴 목숨만큼 시련만 깊어지는 잡초다
밭고랑에 뿌리내리는 순간부터 늘 불안해
비바람이 몰아칠수록 더 깊이 뿌리내리는 목숨이다
불안하게 빼앗긴 땅에 뿌리내리는 목숨이라
언제나 따돌림당해 거칠어지고 질겨지는 목숨이다
아무리 메마르고 거친 땅이라도 뿌리 내려서
뽑히고 뽑혀도 끝까지 살아남는 질긴 목숨이다
밭이랑에 자라는 곡식에 사람들 눈길이 머물 때도
설움 비켜 세우고 질기게 퍼져가는 목숨이다
피어나는 꽃잎에 눈길 코끝이 다가서는 틈을 비집고
존재감 없는 잡초일지라도 그들끼리 모여 군단을 이루면
똑같이 흔들리는 군무도 있고 그들의 향기도 있다
그래서 잡초도 설움 넘어서고 잡초끼리 모여 있으면 화초다

피눈물 나는 설움 이겨낼수록 몇 곱절은 더 질겨지기만 해서

제초제로 영원히 지워 버리려고 해도 독하게 남는 잡초다

거칠게 세상 헤쳐 오다 보니 이름도 쇠비름 바랭이 질경이 삘기

구박받다 보니 질겨져서 빨리 크고 빨리 퍼지는 법만 배워서

바늘구멍 같은 틈만 있어도 생명의 질긴 뿌리 내리고 놓질 않아

논두렁 밭고랑에서 뽑히고 짓밟혀 짓이겨져도 끝까지 살아남는다

그렇다고 살고 싶다고 애원한 적 없다, 허공에 뿌리내릴 수 있다는 각오로

하늘로 뻗을 수 있다는 의지로 지금 바람에 흔들리고 있다 잡초는

못난 것들도 독하면 살 수 있다는 증명으로 더 강해지는 꿈만 꾼다 잡초는

견딜 수 없는 혹독한 피눈물을 흘리게 해 죽음의 아득한 골짜기로 밀어 넣어도

더 질기고 독해지기만 하면 이 땅에서 살아갈 수 있는 거다 잡초는

바람처럼 자유롭고 장미처럼 화려하지는 않아도 언젠

가는 자유롭고 화려해지는
  그날을 위해 참고, 참고 견디면서 이겨내며 살아가는
거다 잡초는

참나무

하늘 찌르는 참나무
굵은 가지 강풍에 꺾여도
수시로 밀려오는 시련 넘기면서
거친 비바람 수만 번 넘기면서
동토의 강을 골백번 건너고 쓰러지면서
꼿꼿하게 일어서려는 오기가 단단해야만
나이테 속으로 쇳덩어리보다 단단함이 스며들어
허리 꺾는 거친 겨울바람 가볍게 비켜 세우는 거다

석천사에서만 보이는 폭포

  도솔천이 저와 같을까
  이승에서 억울하게 죽은 이들이 머무는 곳이 저와 같을까
  평생 자식들 뒷바라지하다 눈에 어른거리는 그 모습
  차마 떨치고 온 이들이 머무는 곳이 저와 같을까
  이 세상에 생겨나서 피어보지도 못하고 져 버린
  어린 영혼들이 머무는 곳이 저와 같을까
  석천사 목탁소리에 극락 가는 하늘 문이 저와 같을까
  울음산 꼭대기 구름 비켜 세우고 쏟아지는 폭포는
  속세의 어지러움 잠시 내려놓고 바라보는 폭포는
  하늘 받쳐 든 병풍 같은 바위산 줄지어 엎드리게 하고
  속세로 향하는 길 몰래 내서 거친 바위 부딪치는 소리가
  무어라 하는지 몰라도 사람 소리 그리워 굽이굽이 흘러가면
  먼 산들이 쫓아와서 구름 비켜 세우고 쏟아지는 폭포가
  속세의 입방아에 오르내릴까 두렵다고 길을 막네

석천사-울음산 계곡에 있는 절터
이 절터에서 정면 산꼭대기를 바라보면
사십오도 경사로 흘러내리는 폭포가 보임

삼부연 폭포 보러 가는 길

  어릴 적 할머니 손잡고 삼부연 폭포 보러 가는 길
  오가동 지나 굽이굽이 오솔길 따라 재잘거리는 냇물 따라
  하늘 받쳐 든 병풍 같은 바위산 머리에 이고
  숨 가쁘게 고개 넘어섰던 기억은 있는데
  처음 삼부연 폭포 보던 기억은 지금도 있는데
  폭포에서 떨어지는 물줄기 아득한 찰나의 순간보다
  폭포 앞에서 홍시 팔던 아주머니 모습과 할머니 졸라
  달콤했던 감 맛을 보던 기억만, 달콤했던 뚜렷한 기억만
  오십 년 가까운 세월이 흘러갔어도 잊히지 않아요

  허방을 딛는 물줄기는 지금도 기운차고 우렁찬데
  감 팔던 아주머니는 지금 어디서 감을 팔고 있는지

어우러지는 삶

우거진 숲에
서로 어우러지며
커온 나무 중에 못난 나무
골라 잘라내서 땔감으로 쓰고
잘생기고 꼿꼿한 나무만 남겨두면
어우러지지 않은 나무는 끝까지
꼿꼿하게 살아남을 수 있을까

거센 강풍을
조금씩 나누어 이겨내던
서로의 바람막이가 없어지면
감당할 수 없는 거대함이
밀려와 쉽게 쓰러지지 않을까

너무 쉽게 바람에 노출되고
작은 흔들림도 크게 다가와
바람 앞에 흔들림 또한 거칠어져서
아무리 잘생기고 꼿꼿한 나무일지라도

서로 의지하지 않고 혼자일 때는
여럿이 의지하며 사는 것보다는
힘들고 불안하지 않을까

거대한 숲이 우거지려면
크고 작은 나무 잘생기고 못난 나무
서로 어우러져야 자연스럽게 우거지듯이
우리네 삶도 너와 나 어우러지고
잘난 놈 못난 놈 어우러져야
우리네 삶도 자연스럽게
흘러가지 않을까

우리 못났다고 기죽지 말자
숲이 우거지고 푸르러지려면
거대한 세상이 흘러가려면
신분이 높거나 낮거나
돈이 많거나 적거나
잘난 놈 못난 놈 어우러지며
서로 의지해야 하니까

이름 없는 꽃

버려진 땅
삶에 쓰레기가 모인 더럽혀진 땅에
무성한 잡풀과 이름 모를 꽃으로 피어났습니다.

향기 짙은 흔들림과 설렘으로 피어났습니다

아무도 탐하지 않는 이름 없는 꽃이지만
혼자만은 장미보다 매화보다 라일락에 짙은
향기보다 도도한 난초의 자태보다
몇 배 깊은 뜻과 향기와 뻐김이 있습니다

다들 눈길 한번 주지 않는
볼품없는 꽃이라 하겠지만 슬프지 않습니다.

몰아치는 비바람 앞엔 꿋꿋한 의지로
쓰레기 더미가 쌓이면 더욱 단단한 의지로
바람 끝에 쌓인 먼지 털어낼 줄 압니다

누가 날 쓰레기라고 비웃고 있습니까
나도 향기 있는 꽃입니다

다만 삶에 쓰레기를 수용하며 용서하며
받아주는 넓은 아량 때문에 떳떳지 못하다면
그네들이 안타까울 뿐입니다

매월폭포에서

첩첩산중에
은둔한다고 가슴속에 쌓인
세속의 인연 끊을 수 있을까

첩첩산중에서
하늘과 바람을 벗 삼아 산다고
세상 더러운 꼴 씻어낼 수 있을까

권력의 더러운 칼날에
수 많은 목숨이 떨어지고
통째로 나라를 집어삼켜도
하늘과 땅은 변함없고
낮과 밤도 변함없어
울부짖는 이만
피눈물 쏟는구나

눈물을 쏟아도
가슴 문드러지게 피를 토해도

돌이킬 수 없는 세상은
저들 손에 끌려가는구나

구역질나는 이들과
같은 하늘 바라보며
이 땅을 딛고 똑같이
숨 쉬며 사는 것도 부끄러워
폭포 앞에서 쏟은 눈물이
속세로 흘러가는구나

권력도 욕심도 미움도
흐르는 물 움켜잡은
주먹 같은 거라고
매월당의 맑은 뇌수가
속세로 흘러가는구나

세상 더러워도
어쩌지 못하는 서글픔에
폭포 바라보는 매월당의
뇌수가 핏물이 되어
가슴 속으로 흐르는구나

우리는

햇살 새겨 담은 열매로
농사꾼 가슴 흐뭇하게 했던 것도
화려한 꽃을 피웠던 것도
불길 속에서 아무것도 없는
처음 그 곳으로 돌아가는구나

천하를 호령하던 영웅도
가진 돈이 얼마인지 알지 못한 이도
나라를 움켜쥐고 다스리던 이도
세월의 불길 속에 다 내주고
아무 것도 없는 그 곳으로 가는구나

세상 품어 내 것으로 만들어
영원할 것처럼 보이던 부귀영화도
금방 늙고 병드는 거 보면
우리는 아무 것도 아닌
찰나의 순간을 사는 거구나

세상 품는다
다스린다고 하지만
세상 만물 앞에서는
우리는 티끌보다 못하고
아무 것도 아니구나

낙상홍

기우는 계절
끝자락에 서서
가슴에 품은 꿈 떨군다.

마지막 남은 미련 하나까지
바람에 흔들리는 갈등 하나까지
내려놓고 놓아준 뒤에
홀가분한 마음 속 잎마저 비운다.

아무 것도 없는 빈 몸이 되고서야
겨울 앞에서 다 버리고 나서야
노을빛 화관 머리에 이고
계절 바람 비켜 세운다.

누구나 다 빈손이다

하루 벌이로 사는 사람이나
자기 돈 평생을 써도 쓸 수 없는 사람이나
처음 이 세상에 생겨날 때는
아무것도 없는 빈손이다

하루살이로 사는 사람이나
평생을 써도 다 쓸 수 없는 돈을 가진 사람이나
이 땅에서 삶을 마무리 할 때는
손에 쥐고 가는 것은 아무 것도 없는
누구나 다 빈손이다

나라를 다스리던 사람이나
이 땅에서 이름 없이 사는 사람이나
저승으로 갈 때는 똑같이
손에 쥐는 것은 빈손이나

몇 푼 가지고 있어
달콤하다고 자랑하지 마라

그거 별거 아니다 이승 떠날 때
다 놓고 가는 빈손이다

화려함도 가난도
사람이 느끼는 거라
진정으로 행복하려면
나누고 나누는
달콤함 느끼시라

눈

이 땅에 수 많은
굴욕이 있어도
추악함이 있어도
다 덮어주는
처음이구나.

이 땅에 서러움
피눈물을 감싸주는
처음이구나.

처음인 세상은
희망이고 높고 끝없고
설렘이구나.

처음은 깨끗하고
함부로 할 수 없는
성스러움이구나.

하얀 세상은
가난도 부자도
높고 낮음도 없는
평등이구나.

| 작품해설 |

서사의 평원에 흐르는 서정의 강물
-한탄강과 철원을 기리다

이종섶 | 시인

| 작품해설 |

서사의 평원에 흐르는 서정의 강물
-한탄강과 철원을 기리다

이종섶 | 시인

조광태 시인은 지역 시인이다. 일반적으로 지역 시인이라 호칭하면 그리 유쾌한 일이 아닐 테지만, 조광태 시인에게는 지역 시인이라는 칭호가 아주 적절하게 어울린다. 나아가 특별한 호칭이라고 해도 과언이 아니다. 왜냐하면, 조광태 시인은 특정 지역에 대한 시를 집중적으로 쓰면서 지역과 시집이라는 두 마리 토끼를 다 잡았기 때문이다.

어떤 지역을 중점적으로 다룬다고 해서 그것이 다 특별한 일이 될 수는 없다. 지역 자체가 평범한 곳이라면 그것은 지역의 성격을 드러내기 위함이 아니라 그 지역을 통해서 자신의 시적 소재를 택하고 시적 성취를 이루는 것에 그칠 수 있다. 반대로 어느 지역이 역사적으로 또는 시대적으로 특별한 의미를 지닐 수 있는 경우, 그 지역의 특성을 시로 풀어내고 녹여내는 작업은 개인의 기록을 넘어 지역의 기록이 될 수가 있다. 나아가 역사 속에서 존재하는 한 시대의 공간을 규명하거나 성격을 파악하여 남겨두는 작업이 될 수도 있다.

조광태 시인은 시집 『한탄강』에서 두 개의 커다란 소재 또는 지역적 공간을 다룬다. 하나는 한탄강이고 다른 하나는 철원이다. 한탄강과 철원이라는 지역적 소재는 그 성격이 사실상 하나에 가깝다. 한탄강으로 시작할 때는 그 한탄강이 철원에 있는 것으로 규정할 수 있으며, 철원으로 풀어갈 때는 철원에 한탄강이 흘러가는 것으로 귀결되기 때문이다. 그러나 한탄강이 철원에 있음을 생각할 때, 또 지역 이름이 철원이라는 것을 생각할 때 결국은 철원이라는 지역이 기반이 되어 만들어진 시집이라고 하겠다.

그럼에도 불구하고 한탄강이라는 소재를 간단하게 지나칠 수 없는 것은 한탄강에 관한 직접적인 시가 거의 절반 가까이 된다는 사실이다. 이것은 한탄강이 철원의 중심이요, 조광태 시인에게도 중심이 된다는 것을 보여준다. 한탄강은 철원의 젖줄이자 핏줄이요, 조광태 시인의 의식이자 외침이라고 하겠다. 그러므로 조광태 시집 『한탄강』이 한탄강과 철원이라는 대 서사 위에 조광태 시인만의 역사적 서정을 결합한 결정체라는 사실에 이견이 없다.

1. 한탄강 앞에서 번뇌하다

조광태 시인과 한탄강의 관계는 구성적인 면에서 역학적 구도를 가진다. 그것을 잘 보여주는 시가 바로「한탄강 · 2」다.

> 수십억 년
> 수난으로 변해왔을
> 장엄하고 눈부신
> 기암괴석 앞에서는
>
> 세상 살기 어렵다고
> 근심 걱정 짊어진
> 내 가슴 속 어지럼은
> 티끌보다 못한
> 기꺼움인데도
>
> 이 번뇌의 끝
> 놓질 못 하네

—「한탄강 · 2」전문

"한탄강"은 "수십억 년/수난으로 변해왔을/장엄하고

눈부신/기암괴석"이다. 시간에 있어서는 "수십억 년"이나 그 내용에 있어서는 "수난으로 변해"온 것이 전부다. 인류 문명과 함께 시작되어 그토록 오랫동안 존재했으나 그 기간 동안 오직 "수난"으로만 점철된 역사를 가지고 있는 것이다. 그럼에도 불구하고 "한탄강"은 그 "장엄하고 눈부신" 본질과 특성을 잃지 않고 꿋꿋하게 버텨온 "기암괴석"으로 시인 앞에 서 있다. 즉 장구한 세월 속에 "수난"을 견디면서도 그 "장엄하고 눈부신" 자태를 잃지 않았다는 것이다.

 "한탄강"의 "기암괴석"을 보는 조광태 시인은 그 앞에서 "세상 살기 어렵다고/근심 걱정 짊어진" 자기 자신의 "가슴 속 어지럼"을 발견한다. 그리고 그것을 "티끌보다 못한/가벼움"으로 정의한다. 이와 같은 자세는 "한탄강"의 "기암괴석"과 같은 것이다. "수난"을 받았음에도 불구하고 그 빛을 잃어버리지 않은 "기암괴석"처럼, 조광태 시인도 "근심 걱정"의 "어지럼"을 견디어 그 빛을 잃어버리지 않으려고 하기 때문이다.

 그러나 조광태 시인은 "번뇌의 끝"을 놓지 못한다. 얼핏 보면 당연한 자세라고 여길 수 있겠으나, 사실은 「한탄강·2」의 마지막 연 두 행은 조광태 시인이 마주쳐야 할 모든 것의 현재이자 역사의 굴곡진 시대마다 "한탄강"이 가졌을 "수난"의 내면이기도 하다. "번뇌" 없이 "수난"을 당하고 견딜 자 없으며, "번뇌" 하나 없이 그

빛을 유지할 자 또한 없기 때문이다. "번뇌"는 견디고 또 앞으로도 견디려는 자에게 있는 것이며, 견디지 못하는 자에게는 "번뇌"가 있을 수 없기 때문이다. 그리하여 "이 번뇌의 끝"을 놓지 못한다는 것은 "세상"의 "근심 걱정" 앞에서 나약하게 서 있는 한 사람을 보여주는 것이 아니라, "세상"의 "근심 걱정"을 견디고 이기기 위한 한 사람을 지금 여기에서 보고 싶어 하는 것이라 하겠다.

"번뇌"의 구체적인 면면들은 "한탄강"과 관련된 수많은 시에 자세하게 그리고 다양하게 나타난다. "천상에서 늘 즐기는 모습이 이런 거라면/이승을 떠나는 죽음도 두렵지 않겠네"(「한탄강·2」)에서 보이는 "죽음"의 문제. "굽이굽이 사람 사는 마을로 찾아가서/그들과 함께 근심 걱정 덜어주는/편안한 강이 되어 흘러가는"(「한탄강」) 것에서 보이는 "근심 걱정"에 대한 문제. "미움을 키우는 이 땅에서는/무조건 받아주는 용서만이 살길이다"(「한탄강·용서」)에서 보이는 "용서"에 대한 문제. "피눈물과 한과 그리움만 있는 곳이라/분단의 철조망과 마주 겨눈 총부리가 있는 땅이라/아물지 못해 가슴속으로 곪아 터진 아픔의 땅이라/이 고통의 땅을 보듬고 상처를 보듬고 흘러온 강이라"(「한탄강·3」)에서 보이는 "상처"에 대한 문제. "비정규직으로 몇십 년을 일해도 최저임금이고/몇십 년을 일해도 한 식구가 될 수 없는 비정규직이/눈 시퍼렇게 뜨고 빼앗기면서도 하소연할 수 없는/지금의 세상"(「한탄강-궁예」)에서 보이는 노동에 대한 문제.

그러나 위에서 살펴본 것들과 반대되는 내용도 나타난다. "낮아서 작고 보잘것없는 것들을/다 받아주고 새겨 담으면서도/가장 낮은 곳으로 향하는"(「한탄강·4」) "한탄강"의 본 모습이 드러난다. "낮은 곳으로 흘러/기쁨일 때는 더 깊게 넓어지고/슬픔은 작게 나누는 강물이 되어/작고 보잘 것 없는 것들에게도/나누는 강물이 되고 싶다"는, "흐름이 거듭 될수록/굽이굽이 마을마다/웃음꽃 피우게 하고/강 때문에 누구나/행복해지는/강물이 되고 싶"(「한탄강·5」)다는 소망이 피력된다. "칼바람이 가슴 속 희망마저 도려내도//동토의 땅 얼음 빛 세상 속에 갇힌/침묵은 절정을 향해 발악하는 지금도//얼음장 밑으로 절망을 뛰어 넘는/물줄기는 끊임없이 흐르고 있"(「겨울 한탄강」)다는 절대 "희망"이 펼쳐진다.

그리하여 "번뇌" 속에 깃들어 있는 절망과 희망을 품고 바라보는 "한탄강"을 다음과 같이 노래하는 것이다.

> 굽이쳐 흘러가는 곳은
> 강이 다 만나는 바다가 아니라
> 이 땅의 사람들 가슴속마다
> 기억되는 강이 되고 싶은 거다

사람들 가슴 속으로 흐르는 강이 되어
저절로 기대 사는 서로가 되어
세월 속에 같이 묻혀 흘러가서
서로에게 기쁨이 되고 싶은 거다

여울 소리에 햇살이 부서지는 강으로
사람들은 찾아와 머물다 가고
사람들 목소리는 강물이 되어 흘러
강굽이마다 새로운 전설을 만들어서
이 땅의 풀잎 강물 속에 물고기 하나까지
편해질 수 있는 강이 되고 싶은 거다

그래서 늘 여울 소리에 잠이 들고
여울 소리 따라 세월은 흘러
귀밑머리 희어지는 사람들과
곱게 늙어가는 강이 되고 싶은 거다

―「한탄강 · 6」 전문

2. 철원평야와 철원 사람들

『한탄강』은 철원의 역사와 현재를 그리는 시집이다. 시집에 실려 있는 모든 시들이 철원과 관계가 있다. 지역을 말하면 지역 사람들을 빼놓을 수 없으니, 철원을 말하는 동시에 철원 사람들에 대해서도 이야기한다. 먼저 철원에 대해서 살펴본 후 철원 사람들에 대해서도 살펴보자.

> 벼 이삭이
> 사랑이다가 똥이다가
> 시가 되어 분노가 되어
> 세상 뒤집는
> 혁명이구나.
>
> 벼 이삭이
> 말이다가 웃음이다가
> 행복이 되어 생명이 되어
> 우리 목숨 위에 있는
> 하늘이구나.
>
> ―「철원평야」 전문

　강원도 최대 곡창지대인 "철원평야"에서는 당연히 쌀이 생산된다. 그러기에 "철원평야"는 곧 쌀이며 밥 그 자체이다. 그래서 조광태 시인은 "철원"의 드넓은 땅을 바라보며 사람의 생명과도 같은 "벼"를 「철원평야」를 통해 노래하는 것이다.
　"벼"에 관한 이 시는 "벼"가 "혁명"과 "하늘"이라는 두 가지 존재적인 개념으로 연결된다. '벼가 곧 혁명'인 동시에 '벼가 곧 하늘'이라는 등식은 우선적으로 "혁명"과 "하늘"이 하나인 것을 뜻한다. '혁명은 하늘을 따르며, 하늘은 혁명을 낸다'와 같은 말로 풀어 볼 수 있다. 이것은 곧 "벼"라는 생산물이 "하늘"에서 생명을 받으며 "하늘"에 의해 길러지는 것인 동시에, 그 생명 자체가 곧 "혁명"과도 같으며 "혁명"의 본질임을 말하는 것이다.

"벼 이삭"이 "세상 뒤집는/혁명"인 것을 알기까지 "사랑"과 "똥"과 "시"와 "분노"가 되어 나타난다. 이 네 가지 질료는 "벼"가 삶의 화학작용을 통해서 나타나는 것이요, 그것은 또한 "혁명"을 이루는 무기와도 같은 것이다. 또한 "벼 이삭"이 "우리 목숨 위에 있는/하늘"인 것을 깨닫기까지 "말"과 "웃음"과 "행복"과 "생명"이 되어 나타난다. 이 질료들 역시 "벼"가 지향하는 그 자체인 바, "벼"의 궁극적 목적이 바로 이것들이라고 하겠다. "하늘" 아래 살아가는 인생들의 이러한 생명의 누림이야말로 "철원평야"에서 수확하는 산물이요 목숨 그 자체이기 때문이다.

> 이 땅이 평화롭게 보여도
> 속으로 곪고 곪아서 너무 곪아서
> 아프다는 말조차 꺼내 들지 못하고
> 입만 딱딱 버리는 아픔으로 산다
>
> 저마다 가슴 속에 피고름이 박힌 채
> 상처투성이 가슴들이 이 땅에서 산다
>
> 고향 떠나와 낯선 곳에서 뿌리내리고
> 새끼 낳고 사는 사람들이 고향 땅 가까이
> 살고 싶어서 저절로 모여서 산다

서로 일가친척이 아니더라도
고향 잃은 이들끼리 등 기대며
살다 보니 서로가 일가친척으로 산다

무심한 세월은 흘러도
그리움은 더 큰 그리움으로 밀려와
그리움 잇지 못한 피눈물로 보낸 세월이
너무 많은 세월로 너무 빨리 흘러서
어쩌지 못하는 늙은 몸뚱이 원망스러워도
고향 땅 밟고 싶은 간절함으로 산다

이 땅에는 부모형제 잃지 않은 사람이 어디 있으며
피눈물 나는 상처로 울지 않은 사람이 어디 있으며
저린 가슴이 저린 가슴들이 고향 땅 그리워하다
언제 저승길 불려 갈지 모르는 나이가 돼서 산다.

수 많은 가슴 속에 있는 그리움
평화롭게 보여지는 철원평야
이 무거운 침묵 앞에 우리는 무엇을 했는가

이 땅에는 수 많은 세월이 흘러도
아물지 않은 상처 보듬어 주는 손은 없는가
―「철원 사람들」 전문

"철원평야"에서 살아가는 사람들을 노래한 「철원 사람들」은 「철원평야」와는 대조적이다. "철원평야"에서 노래한 "혁명"이 없고 '말과 웃음과 행복과 생명'이 되는 "하늘"이 없다. "철원 사람들"은 "속으로 곪고 곪아서" "아프다는 말조차 꺼내 들지 못하고" 살아간다. "저마다 가슴 속에 피고름이 박힌 채/상처투성이 가슴들이" 되어 살아간다. "고향 떠나와 낯선 곳에서 뿌리내"린 그들, "고향 땅 밟고 싶은 간절함으로" 사는 그들이다. 그래서 "철원평야"에는 '말과 웃음'이 있을지라도 "철원 사람들"에게는 '그리움과 침묵'이 있을 뿐이다.

"철원 사람들"을 그렇게 만든 것은 남북을 가로막은 철조망이다. 그 철조망으로 인해 "남북이 하나로 이어지지 못"한 채 "철조망에 갇힌 불임의 땅이 되"고 "녹슨 세월만 쌓이는 땅"(「지평선에 걸린 마음」) 되어 간다. 그 땅을 "철조망에 찔린 아물지 않는 상처/녹슨 철조망에 찔린 상처가 깊어/흐르는 눈물이 멈추지 않는 땅(「철원에 오시려거든」)"으로 부를 수밖에 없다. 그래서 그 아픔이 너무 크고 깊기에 "철조망 거둬내는 묘수/비무장지대 봄기운 돌게 하는/묘수"(「묘수」)를 생각해보는 것이다.

"철조망"은 "철원 사람들"을 실향민으로 만들었다. "이 땅에는 부모형제 잃지 않은 사람이 어디 있"(「철원 사람들」)겠는가 하면서 자위해보지만, "지금까지 고향 찾아간 사람 하나 없고/가슴 속 응어리 풀지 못하고 죽어도/실향의 가슴 위로는 이 땅에는 없구나"(「실향민」)라며 장탄식을 내뱉을 수밖에 없는 그들이다.

그럼에도 불구하고 "철원평야"에 사는 "철원 사람들"

은 절망적이지 않다. 그들은 "가슴 후련해지는 평야"와 "지평선이 있는 하늘"을 가졌기 때문이다.

> 나는 보았네
> 가슴 후련해지는 평야를
>
> 하늘과 땅이 맞닿은
> 지평선이 있는 하늘 보았네
>
> 하늘이 땅으로 내려와
> 우리와 같이 숨을 쉬고
> 우리와 사는 하늘 보았네
>
> 봄이면 쟁기질 같이하고
> 평야에 심어진 벼 포기 들이
> 일렁이는 논배미 속에 있는 하늘
> 우리는 우리보다 낮은 하늘 보았네
>
> 구부러진 논둑에서는 논둑이 되고
> 풀잎 앞에서는 풀잎이 되는 하늘
> 하늘은 이 땅에 어떤 모습과도
> 친숙해지면서 닮아가고
> 그것이 되어 버리는 하늘 보았네
>
> 기쁨을 길러 내는 침묵으로
> 철원평야에 내려온 하늘이
> 직사각의 논배미에서 부는
> 달달한 바람의 향기로
> 우리를 미소 짓게 하네

―「철원평야에 내려온 하늘」 전문

3. 모든 것이 침묵이다

"철원평야"와 "철원 사람들"의 현재 모습은 어떠할까. 그것은 북한을 마주하고 있는 땅으로써 북한을 "가본 적이 없"고 "지금도 갈 수 없"는 땅이라는 말로 요약된다. "가슴 속에 철조망 장벽이/지금의 모습으로 굳어"질지도 모르고 "영원한 분단"으로 고착될지도 모른 채 "통일의 문고리는/잡아 보지도 못했다는" 말이다. 그래서 "휴전선에/무거운 침묵이 세월을 갉아먹"(「침묵」)고 있다고 말하는 것이다.

　　가로수 멱살을 잡는
　　비바람 소리도 침묵이고
　　천둥 번개 요란함도 침묵이고
　　폭풍이 몰아치는 것도 침묵이고
　　산이 낭이 무너지는 것도 침묵이고
　　비 갠 청명함도 깊은 침묵이고
　　밤하늘에 쏟아지는 별빛도 침묵이고
　　휘영청 밝은 대보름달도 침묵이고
　　떼 지어 지평선을 넘는 새들도 침묵이다

　　이 땅은 철조망 걷어내는 소리 외는 다 침묵이다
　　　　　　　　　　　　　　―「침묵·2」 전문

"가로수 멱살을 잡는 비바람 소리"가 어떻게 "침묵" 할 수 있다는 말인가. 그런데도 그 소리는 "침묵"인 동시에 "침묵"한다. "천둥 번개 요란함"과 "폭풍이 몰아치는 것"과 "산이 땅이 무너지는 것도" 무섭도록 공포스러운 소리일 텐데 그 역시 "침묵"인 동시에 "침묵"한다. "밤하늘에 쏟아지는 별빛"과 "휘영청 밝은 대보름달"도 모두 "침묵"인 동시에 "침묵"한다. 심지어 "떼 지어 지평선을 넘는 새들"까지도 하나같이 "침묵"인 동시에 "침묵"한다. 그리하여 "이 땅은 철조망 걷어내는 소리 외는 다 침묵이다"라는 절규를 낮은 음성으로 절절하게 되뇌어보는 것이다.

"온전한 땅에서 온전한 백성이 온전한 나라 세우는 건/단군 할아버지 때부터 변하지 않은 우리의 바람인데/우리는 이 땅의 철조망도 헐지 못하고 있"(「간도 땅」)다는 자각에서 나오는 "침묵". "친일을 들먹이면 불순하고/독립운동을 들먹이면 외면하는 우리/독립운동한 사람은 대대로 부끄럽게 살아야 하고/친일한 자들은 기름기 반질거리는 낯짝으로 사는 우리"(「소름」)의 모습에 직면했을 때 나오는 "침묵". 그러기에 "고요의 팽팽함을 흔들어 깨우는/침묵의 긴 기다림을 흔들어 깨우는/대마리 검문소 앞에 끝없는 줄서기"(「대마리 마을 앞 검문소」)가, 기나긴 "침묵"을 깨뜨리고서 "분단을 넘어 대

류을 향해 달려가는 도시"(「사라진 도시 위에도 달이 뜨네」)의 모습이 사무치게 보고 싶은 것이다. 왜냐하면 "우리는 한 핏줄이"(「우리는 통하는데」)기 때문이다. 우리에게는 "이루지 못한 대동의 꿈"(「궁예도성」)이 있으며 "새 세상 대동으로 가는 길이"(「궁예도성·2」) 보이기 때문이다. 그리하여 "철원평야"의 기나긴 "침묵"이 깨지기를 참으로 간절히 바라는 것이다.

>
> 새벽 거룩함이 밀려오는
> 대마리 마을 앞 검문소
> 국경선을 통과하는 것처럼
> 줄지어 차들이 서 있다
>
> 불 켜진 검문소가 분주하게 시작되는
> 초병들의 움직임 하나하나가 역사이고
> 어둠 속에 풀 한 포기가 역사의 흔적이고
> 어둠 속에 묻혀 있는 저 산과 들녘이 역사이고
> 조심스럽게 쏟아지는 별이 역사가 되는 지금
> 대마리 검문소 앞에서 통과를 기다리는 차들이
> 철원평야 일궈내는 바쁜 나날도 역사가 되는구나
>
> 지금은 철원평야 일궈내기 위해
> 민통선 통과를 기다리고 있지만
> 내일은 차들이 줄지어 선 이유가
> 북녘땅을 가기 위해 고향 땅을 찾기 위해
> 새벽을 밀쳐내는 기다림이면 얼마나 좋을까

자유롭게 갈 수 있는 북녘땅이라면
줄지어 선 기다림이 끝이 없다 해도
검문소 앞에 며칠 밤을 기다려도 좋을 것이다

고요의 팽팽함을 흔들어 깨우는
침묵의 긴 기다림을 흔들어 깨우는
대마리 검문소 앞에 끝없는 줄서기 보고 싶구나
―「대마리 마을 앞 검문소」 전문

4. 조선파와 참나무의 속성과 가치

"철원평야"의 현재는 "침묵"이지만 그 "침묵"은 반드시 깨지고 말 것이다. 그 "침묵"이 제 아무리 단단하고 견고할지라도 그 오랜 "침묵"을 깨뜨리고야말 "철원평야"에 둥지를 틀고 살아가는 "철원 사람들", 오직 그들만이 가지고 있는 각별한 그 무엇이 그들의 심장 속에 뜨겁게 자리 잡고 있기 때문이다. 그 무엇과 그 무엇의 요인을 「조선파」와 「참나무」를 통해 살펴보자.

쓰러지면 일어서고
일어섰다 또 쓰러져
피 토하는 절망 이겨내는
이 땅의 백성을 닮은 조선파
동토의 얼음 빛 세상에 놓여
죽음의 수렁으로 빠져들어도

뜨거운 심장 소리 멈춰지지 않고
작은 뿌리들은 하나로 똘똘 뭉쳐
떼거리로 달려드는 칼바람 이겨내고서
낯 간지러운 한 한 줌 햇살에도
세상으로 내미는 파란 미소를 봐라

칼바람일수록 심장 소리 뜨거워지는 거
시련 깊어질수록 가슴 속은 푸르러 지는 거
거대한 절망이 밀려와도 당당하게 맞서는 거
―「조선파」 전문

"조선파"는 "이 땅의 백성을 닮"았다. "쓰러지면 일어서고/일어섰다 또 쓰러져/피 토하는 절망 이겨내는" 것이 똑같다. "동토의 얼음"이 가득한 "세상에 놓여" 있어도 "심장 소리"가 멈추지 않는다. "작은 뿌리들은 하나로 똘똘 뭉쳐/떼거리로 달려드는 칼바람 이겨"낸다. "시련 깊어질수록 가슴 속은 푸르러 지"고 "거대한 절망이 밀려와도 당당하게 맞서"기 때문이다.

하늘 찌르는 참나무
굵은 가지 강풍에 꺾여도
수시로 밀려오는 시련 넘기면서
거친 비바람 수만 번 넘기면서
동토의 강을 골백번 건너고 쓰러지면서
꼿꼿하게 일어서려는 오기가 단단해야만
나이테 속으로 쇳덩어리보다 단단함이 스며들어
허리 꺾는 거친 겨울바람 가볍게 비켜 세우는 거다

―「참나무」 전문

　「조선파」가 사람이 사는 마을에 나면서 사람이 먹는 양식을 대변하는 채소라고 한다면,「참나무」는 산에 있는 나무로써 모든 나무의 대표이자 도토리묵처럼 특별한 음식이거나 또한 먹을 것이 없던 시절에는 구황음식 역할까지 담당했던 나무다. 그런데 그런 "참나무"가 "수시로 밀려오는 시련"과 "거친 비바람"을 맞아 "굵은 가지 강풍에 꺾"이기도 한다. 그러나 그럴수록 "동토의 강을 골백번 건너고 쓰러지면서/꼿꼿하게 일어서려는 오기가 단단해"지고 "나이테 속으로 쇳덩이보다 단단함이 스며들"게 되어, 마침내 "허리 꺾는 거친 겨울바람 가볍게 비켜 세"울 수 있는 힘과 자세를 터득하게 된다.

　마을에 있는 "조선파"와 산에 사는 "참나무"가 하는 말은 이렇다. "거대한 숲이 우거지려면/크고 작은 나무 잘생기고 못난 나무/서로 어우러져야 자연스럽게 우거지듯이/우리네 삶도 너와 나 어우러지고/잘난 놈 못난 놈 어우러져야/우리네 삶도 자연스럽게/흘러" 간다. "우리 못났다고 기죽지 말자/숲이 우거지고 푸르러지려면/거대한 세상이 흘러가려면/신분이 높거나 낮거나/돈이 많거나 적거나/잘난 놈 못난 놈 어우러지며/서로 의지해야"(「어우러지는 삶」) 한다.

　그들이 생각하고 말하는 최종적인 가치는 무엇일까.

참된 행복을 얻기 위해 진정으로 추구해야 하는 것은 무엇일까. 그것은 바로 나눔인 바, "나누고 나누는/달콤함 느끼시라"라는 권유가 그래서 더욱 달고 고맙게 느껴진다.

> 하루 벌이로 사는 사람이나
> 자기 돈 평생을 써도 쓸 수 없는 사람이나
> 처음 이 세상에 생겨날 때는
> 아무것도 없는 빈손이다
>
> 하루살이로 사는 사람이나
> 평생을 써도 다 쓸 수 없는 돈을 가진 사람이나
> 이 땅에서 삶을 마무리 할 때는
> 손에 쥐고 가는 것은 아무 것도 없는
> 누구나 다 빈손이다
>
> 나라를 다스리던 사람이나
> 이 땅에서 이름 없이 사는 사람이나
> 저승으로 갈 때는 똑같이
> 손에 쥐는 것은 빈손이다
>
> 몇 푼 가지고 있어
> 달콤하다고 자랑하지 마라
> 그거 별거 아니다 이승 떠날 때
> 다 놓고 가는 빈손이다
>
> 화려함도 가난도
> 사람이 느끼는 거라

진정으로 행복하려면
나누고 나누는
달콤함 느끼시라

— 「누구나 다 빈손이다」 전문

5. 처음 세상을 위하여 부르는 노래

"한탄강"과 그 강이 흐르는 "철원평야", 그리고 그곳에 사는 "철원 사람들". 그 동토의 땅에도 해마다 겨울이 찾아온다. 그때마다 어김없이 "눈"이 내린다.

이 땅에 수 많은
굴욕이 있어도
추악함이 있어도
다 덮어주는
처음이구나.

이 땅에 서러움
피눈물을 감싸주는
처음이구나.

처음인 세상은
희망이고 높고 끝없고
설렘이구나.

처음은 깨끗하고

함부로 할 수 없는
성스러움이구나.

하얀 세상은
가난도 부자도
높고 낮음도 없는
평등이구나.

─「눈」 전문

그 "눈"은 모든 것을 "다 덮어" 준다. "서러움"과 "피눈물을 감싸" 준다. "희망"과 "설렘"의 "성스러움"을 제공한다. 그래서 "눈"이 만들어주는 "하얀 세상"을 "철원"의 바람이자 희망이라고 부르는 것이다. "가난도 부자도/높고 낮음도 없는/평등", 그런 "세상"은 "한탄강"이 흘러가기를 원했던 "세상"이며, "철원평야"가 만들기를 소원했던 "세상"이다. "철원 사람들"이 원대한 꿈을 품고서 이루고자 했던 위대한 "세상"인 것이다.

그것이 현실이 되어 눈앞에 펼쳐질 것이라고 증명이라도 하듯, "철원평야"에 "철원 사람들"의 머리 위에 "눈"이 내린다. 그 "눈"을 받아 마신 "한탄강"의 번뇌가 해결된다. 그 "눈"을 가슴으로 받은 "철원평야"의 철조망이 사라진다. 그 "하얀 세상" 위로 "철원 사람들"이 걸어가는 발자국이 보인다. "이 땅에"서 영원히 사라지지 않을 "처음" 발자국이다. ■